안녕! 와구와구별에서 온
신경외과 의사 쿠릉이야.
우리 몸은 어느 것 하나 소중하지 않은 것이 없어.
하지만 뭐니 뭐니 해도 뇌가 제일 소중해.
뇌가 없으면 아무것도 할 수 없으니까.
뇌에 관해서 궁금한 것이 있으면 무엇이든 물어봐.
나, 쿠릉이에게!

글 | 박종환

국어국문학과 문예창작을 공부하고 출판사에서 어린이 책을 기획했으며 지금은 다양한 글을 쓰고 있습니다. 신 나고 수다스럽지만 다정함이 묻어나는 글을 쓰고 싶습니다. 쓴 책으로는 〈삐오삐오, 불이 났어요!〉, 〈돌아라 돌아라 바퀴야〉, 〈와글와글 실험책〉, 〈뚝딱뚝딱 만들기책〉 등이 있습니다.

그림 | 황미선(美.sun)

홍익대학교 판화과를 졸업하고 프리랜서로 그림을 그리고 있습니다. 그린 책으로는 〈뽈리야 도와줘〉, 〈어디에서 왔을까〉, 〈사자왕의 생일〉 등이 있습니다.

감수위원

최영륜 | 전남대학교 의과대학 교수, 전남대학교병원 소아청소년과 전문의

이한숙 | 가톨릭대학교 서울성모병원 마취통증의학과 전문의

이준성 | 맑은머리신경과 원장

별똥별을 타고 온 외계인 별걸 다 하는 소중한 뇌

글 박종환 | 그림 황미선 | 펴낸곳 도서출판 별똥별 | 펴낸이 김래주 | 기획 노영경 | 편집 · 디자인 연필의 입장 | 글 다듬이 박미향

제작 김희수 | 마케팅 백나리 | 주소 경기도 화성시 병점1로 218 씨네 샤르망 B동 3층

고객센터 080-201-7887 | 전화 031-221-7887 | 출판등록 2009년 2월 4일 제 465-2009-00005호

ISBN 978-89-6383-253-1 978-89-6383-249-4 (세트)

맞춤법, 띄어쓰기는 국립국어원에서 펴낸 〈표준국어대사전〉을 기준으로 삼았습니다. 잘못된 책은 바꾸어 드립니다.

⚠ 주의 책의 단면이나 모서리에 다치지 않도록 주의하세요.

별걸 다 하는 소중한 뇌

박종환 글 | 황미선 그림

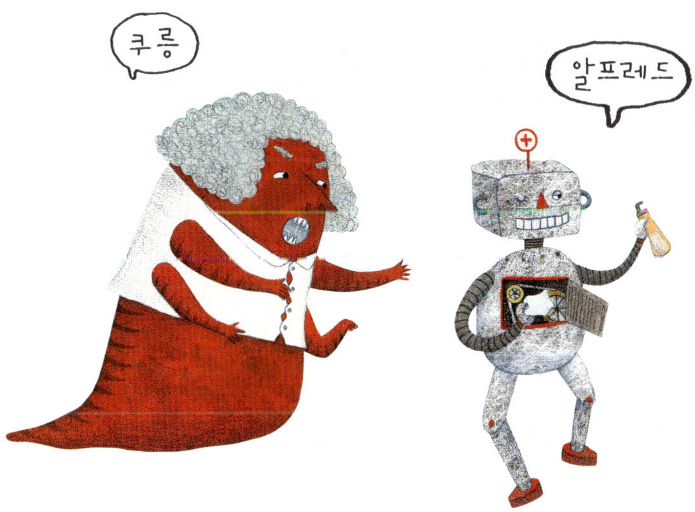

별똥별

쿠릉이는 와구와구별에서 온 외계인이에요.
살짝 무섭게 생겼어도 착하고 순진하답니다.
"오늘은 사람들이랑 꼭 친해져야지."
쿠릉이가 커다란 입을 쩍 벌리고 히죽!
쿠릉이 딴에는 예쁜 미소였지만,
사람들은 무서워서 벌벌 떨어요.
"아이참, 날 겁내지 않았으면 좋겠는데……."

5,000
새우깡

"폴, 그러다가 다친다!"
"괜찮아요, 엄마. 야호, 재밌다!"
장난꾸러기 폴이 쇼핑카를 밀고 뛰어다니다가
갑자기 머리가 띵하다며 주저앉아요.
깜짝 놀란 쿠룽이는 폴에게 달려갔어요.
쿠룽이는 똑똑병원 신경외과 의사거든요.
"이런, 빨리 병원으로 가자."

쿠룽이는 폴을 똑똑병원 신경외과로 데려왔어요.
신경외과는 뇌와 신경을 치료하는 곳이에요.
신경은 우리 몸과 주위에서 일어나는 변화를
알아챈 뒤 반응을 일으키게 하는 일을 하지요.
삐걱삐걱, 낡은 로봇 알프레드가
폴을 진료실로 안내하네요.
"폴, 쿠룽이는 좋은 의사니까 겁낼 필요 없어. 삐빅!"

진료실
복도

"자, 무서워하지 말고 앉아."
히죽! 쿠룽이 딴에는 상냥하게 웃지만
폴은 너무 무서워서 침을 꼴깍!
"폴, 혹시 머리를 부딪쳤니?"
"응, 아까 인라인스케이트 탈 때
나무에 쾅……."

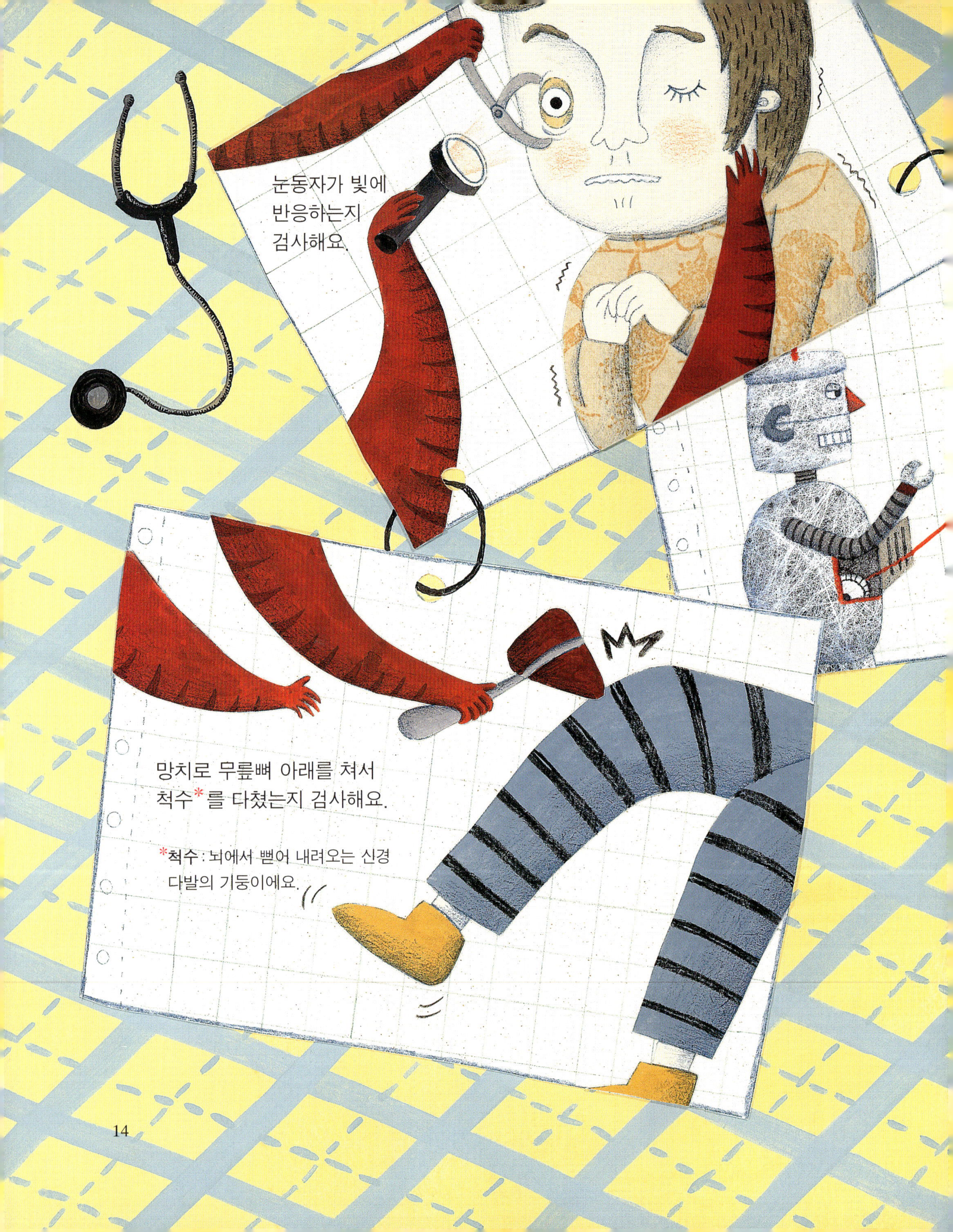

눈동자가 빛에
반응하는지
검사해요.

망치로 무릎뼈 아래를 쳐서
척수*를 다쳤는지 검사해요.

***척수**: 뇌에서 뻗어 내려오는 신경 다발의 기둥이에요.

"어, 또 어지러워."
울상 짓는 폴을 쿠룽이가 달랬어요.
"걱정 마. 크게 다치진 않았을 거야."
쿠룽이는 여러 가지 검사를 했어요.
"폴, 뇌와 신경에 문제가 생기진 않았어.
뇌가 가벼운 충격을 받은 것뿐이야.
푹 자면 괜찮아져!"
"정말? 휴, 고마워!"

"폴, 이번에는 크게 안 다쳐서 다행이지만
머리를 다치면 위험해질 수도 있어.
뇌를 다치면 이름을 기억하지 못할 수도 있고,
생각하고 감정을 조절하는 일을 잘 못할 수도 있어."
쿠릉이의 말에 폴의 눈이 휘둥그레졌어요.
"뇌가 생각하고 감정을 조절한다고?"

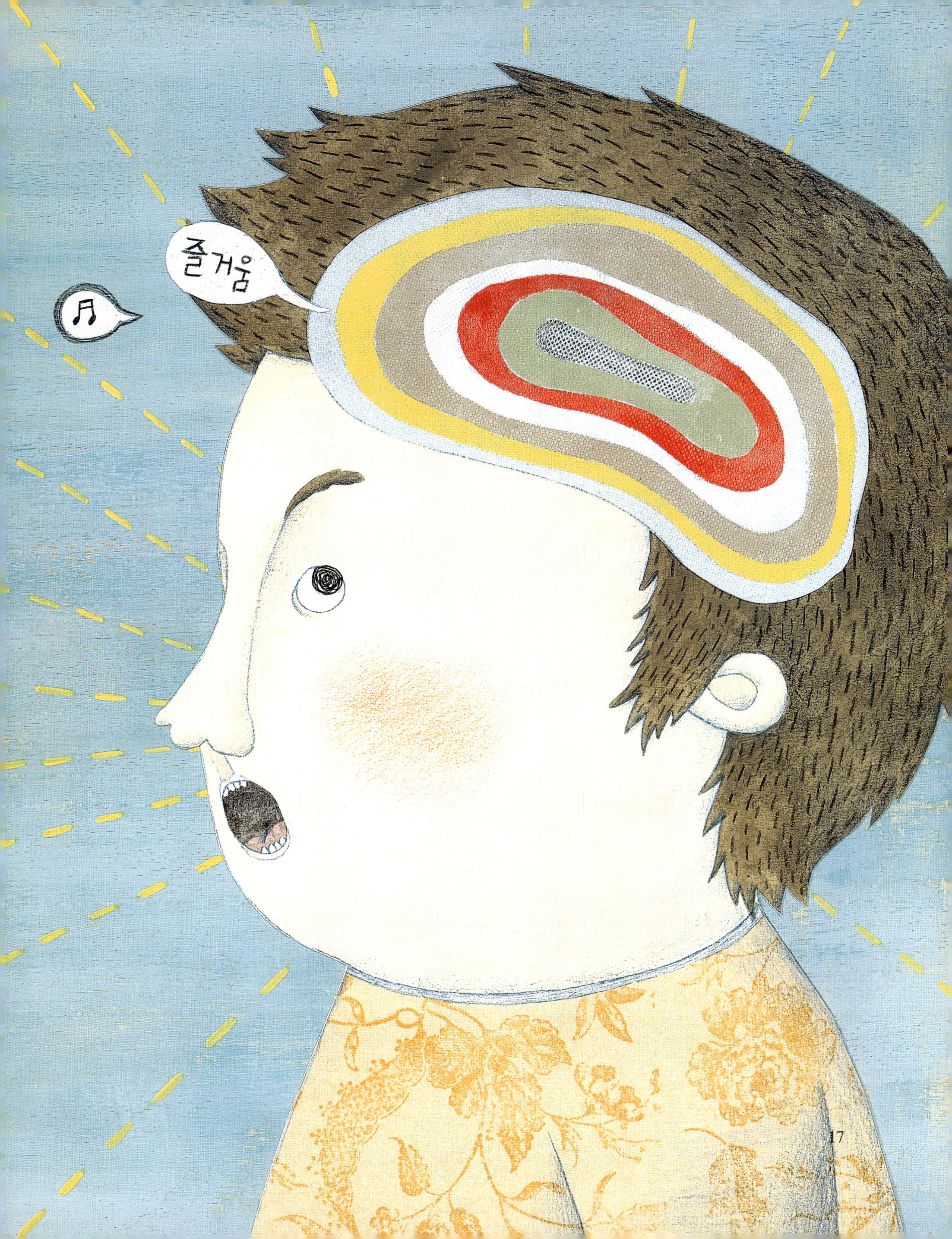
즐거움

"이게 우리의 뇌야. 삐빅!"
알프레드가 컴퓨터 화면을
보여 주었어요.
"히히, 호두처럼 생겼잖아."
"맞아, 쭈글쭈글 주름이 많지.
우리가 보고, 듣고, 느끼는 건
다 **뇌** 덕분이야."

두정엽

피부에 닿는 느낌과 말하는 것을 담당해요.

측두엽

코로 냄새를 맡고, 귀로 소리를 듣고, 맛을 느끼는 것을 담당해요. '해마'에서 기억을 저장해요.

후두엽

눈으로 보는 것을 담당해요.

소뇌

몸의 균형을 유지해요.

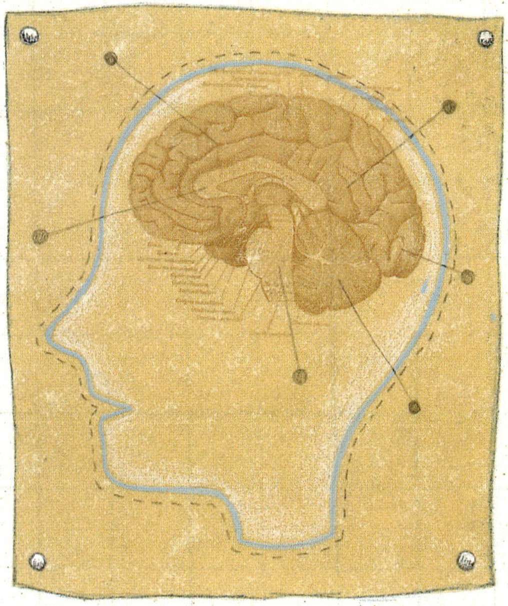

"우리 몸에 그물처럼 얽힌 신경과
머릿속의 뇌는 이어져 있어.
생쥐가 네 손가락을 앙!
물면 어떻게 될까?"
"으악!"
순간 폴은 자기도 모르게
비명을 지르면서 손을 피했어요.

생쥐가 손가락을 물면
손가락의 신경이
엄청나게 빠른 속도로
뇌에게 아프다고
신호를 보내요.

그러면 뇌는
얼른 손을 치우고
비명을 지르라고
아주 빠른 속도로
명령해요.

그때 폴의 배꼽시계가 꼬르륵, 꼬르륵!
"폴, 그 소리는 네가 배고프다는 것을
뇌가 느끼고서 보내는 신호야.
밥을 먹어야 한다고 알려 주는 거지."
알프레드가 삐걱거리며 끼어들었어요.
"나도 녹이 슬면 기름을 치라고
머릿속 컴퓨터가 알려 줘. 삐빅!"

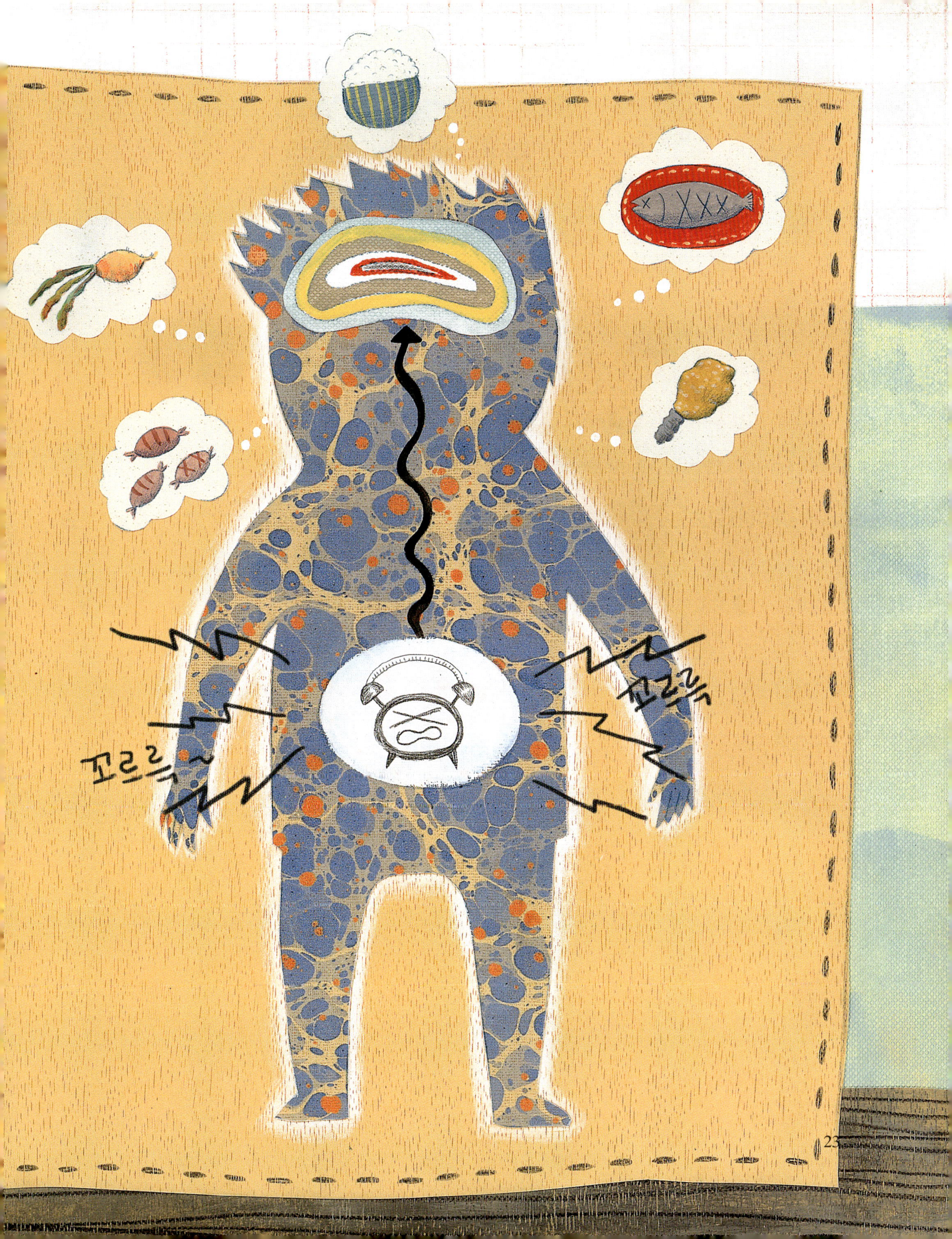
꼬르륵
꼬르륵~

“뇌는 머리뼈의 보호를 받긴 하지만
머리를 다치지 않도록 조심해야 해.”
쿠룽이가 이마를 쑥 내밀자 폴이 또 화들짝!

"그럼 인라인스케이트를 탈 때
헬멧*을 써서 머리를 보호해야겠다."
"물론이지! 앞으로는 헬멧을 꼭 챙긴다고 약속해!"
"알았어, 쿠룽아."

*헬멧 : 머리를 충격으로부터 보호하기 위하여 쓰는 모자로, 쇠나 플라스틱으로 되어 있어요.

"삐빅! 쿠룽아, 내 헬멧도 멋지지?"
"그건 가발인데…… 너한테 잘 어울린다."
"헤헤, 네가 환자 돌보고 공부하느라
피곤해 보여서 기운 내라고 장난친 거야."
쿠룽이는 환자들을 돌보는
틈틈이 열심히 공부해요.
고향으로 돌아가면 꼭 할 일이 있거든요.

이야, 와구와구별 우주선이에요!
지구에서 경험도 쌓고 공부도 많이 한
쿠릉이를 데려가는 거랍니다.
알고 보니 쿠릉이가 꼭 하려던 일은
와구와구별의 머리를 다친 친구를
치료하는 거였어요.

“삐빅! 고향에 돌아가면 쉬고 싶어.”
“무슨 소리! 와구와구별에
쿠릉알프레드 신경외과를 열 거라고!”
“삐이!”

쿠룽이의 스크랩

뇌는 정말 신비롭고 대단하다.
만약 뇌가 없다면 어떻게 될까?
아마 아무것도 못할 것이다.
뇌가 있어서 눈으로 본 것을 알 수 있고,
코로 냄새 맡은 것을 느낄 수 있고,
귀로 들은 소리를 알 수 있다.

손가락을 움직여서
젓가락질을 하거나 피아노를
치는 것도 뇌가 신호를 보내서
근육을 움직이라고 명령하기
때문이다.

책을 읽고 감동을 느끼며
내용을 기억하는 것도
뇌가 하는 일이다.
뇌는 별걸 다 하는
소중한 보물이다.

쿠릉이의 칼럼

의사들은 병원에서 무엇을 할까요?
신경외과 의사인 쿠릉이의 하루를
살짝 알려 줄게요.

오전 8시
입원 환자들이 밤새 잘 지냈는지 건강 상태를 확인했다.

오전 9시
진료실에서 환자들을 진찰했다. 손을 잘 움직이지 못하는 환자가 왔다.
반응 검사를 하고 뇌 사진을 찍어 보니 뇌가 제대로 명령을 내리지 못했다. 약을 지어 주고 꾸준히 운동하라고 했다.

오전 11시
이전의 일을 기억하지 못하는 환자를 만났다. 뇌에 큰 충격을 받은 뒤 기억을 맡은 부분을 다친 것이다. 시간을 두고 치료해야 한다.

오후 2시
머리를 부딪쳤던 폴에게 어지럼증이 나아졌는지 전화로 물어보았다. 폴이 씩씩하게 대답해서 기뻤다.

오후 3시~5시
뇌염이 의심스러운 환자의 뇌와 척수를 둘러싼 물을 검사하고 뇌 사진을 확인했다.

오후 6시
병실을 돌아보며 입원 환자들을 살폈다. 밤이 되면 뇌에 대해 연구한다. 공부는 해도 해도 끝이 없다.

왜? 그런지 말해 줘!

뇌는 어떤 구조로 되어 있나요?

주름진 뇌의 크고 둥근 부분을 대뇌라고 해요. 대뇌에는 다섯 가지 감각(미각, 촉각, 후각, 청각, 시각)을 맡은 부분이 나뉘어 있어요.

하지만 보통 대뇌 전체가 연결되어 함께 일한답니다. 대뇌 말고도 심장과 소화 기관 등을 맡는뇌간 , 근육을 조정하는소뇌 가 있어요.

왼쪽 뇌와 오른쪽 뇌는 무슨 일을 하나요?

사람의 뇌는 왼쪽과 오른쪽이 비슷해 보이지만 하는 일은 조금 달라요. 왼쪽 뇌는 오른쪽 몸을 움직이고, 생각과 추리, 계산을 잘해요. 오른쪽 뇌는 왼쪽 몸을 움직이고, 사물의 생김새와 색깔 구분, 음악, 미술 등 예술을 잘한답니다.

뇌가 신경으로 명령을 내린다고요?

뇌는 매 순간 눈, 코, 귀, 혀, 피부 등의 감각 기관에서 신경을 통해 정보를 받고 이러저러하게 행동하라고 명령을 내려요. 뇌에서 내린 명령을 신경이 몸 여기저기에 전해 주지요. 그 속도는 아주 빨라서 발가락에서 뇌까지 신경 신호가 전달되는 데 0.01초밖에 안 걸린대요.

꿈은 뇌가 만드는 건가요?

우리 몸은 잠들면 호흡과 심장 박동이 아주 느려지지만 뇌는 여전히 움직인답니다. 우리가 꿈을 꾸는 것에 대해서는 여러 가지 이야기가 있어요.

깨어 있는 동안 보고 듣고 느낀 것을 정리하고 기억하기 위해서라고도 하고, 우리 몸이 스스로 위험을 알려 주기 위해서 보여 주는 것이라고도 해요.

꿀밤을 때리면 머리가 나빠지나요?

머리를 때리면 뇌세포가 죽어서 머리가 나빠질 거 같다고요? 아니에요.

뇌를 둘러싸고 있는 머리뼈는 우리 몸에서 가장 단단해요. 그래서 꿀밤 정도의 가벼운 충격에는 영향을 받지 않아요.

뇌에 좋은 음식은 무엇인가요?

호두, 잣, 땅콩 등은 비타민과 지방이 많아 뇌를 활발하게 해요. 참치, 고등어, 정어리 등의 생선과 굴, 시금치에는 뇌세포를 건강하게 하는 'DHA'라는 물질이 많이 들어 있어요.

영양소가 가득한 우유와 치즈, 미역은 뇌의 발달을 도와요. 콩과 달걀에도 뇌가 피곤하지 않게 해 주는 물질이 많이 들어 있답니다.

신경외과는 **뇌, 척수, 신경**의 병을
치료하는 곳이야. 먹고, 생각하고, 보고, 듣고,
숨 쉬고, 운동하고, 기억하고…….
휴, 바쁘다, 바빠! 이 모든 일을 뇌가 조절해.
그러니 뇌가 다치지 않도록
조심하고 또 조심해야겠지?